Notre-Dame de Paris

Thomas Struth, *Notre Dame, Paris*, 2000

Notre-Dame de Paris

BILDER EINER KATHEDRALE
1763–2019

99 Gemälde, Photographien und Zeichnungen

Herausgegeben und mit einem Vorwort von
Lothar Schirmer

Mit einem Text von
Danny Smith

Wissenschaftliche Mitarbeit
Barbara Schock-Werner

Schirmer/Mosel

Vorwort
6

Der mittelalterliche Mythos von Notre-Dame
DANNY SMITH
9

TAFELN

Ouvertüre
19

I. Das 19. Jahrhundert
39

II. Das 20. Jahrhundert
103

III. Der Brand und die Tage danach
145

Verzeichnis der Tafeln
171

Literatur
175

Vorwort des Herausgebers

Ein Buch über Paris und seine Kathedrale, über diesen steinernen Ozean und Notre-Dame, sein steinernes Flaggschiff, das Victor Hugo auch als »gewaltige Symphonie aus Stein« so zutreffend beschrieben hat – das war der Impuls, den die schockierenden Fernsehbilder jener Brandnacht im April 2019 in mir auslösten, als Notre-Dame in Flammen stand.

Es liegt nun vor Ihnen und lädt Sie zu langen Spaziergängen durch Paris und die Geschichte seiner großen Kathedrale ein. Es führt Sie nach einer Ouvertüre mit ausgesuchten Beispielen der Vedutenmalerei und den romantischen Paris-Radierungen von Charles Méryon zu den frühen Höchstleistungen der gerade in Frankreich erfundenen Photographie durch die Stadt zur Kathedrale hin und um diese herum. An ihr sind noch die Spuren der Zerstörung der im Jahr 1789 ausgebrochenen Revolution sichtbar.

In drei Wellen brach die Französische Revolution über die Kathedrale herein:

1793 wurde Notre-Dame zum »Tempel der Vernunft« erklärt. Vor dem geplanten Abbruch rettet sie schließlich die Umwidmung in »Tempel des höchsten Wesens« unter Robespierre. Bis 1795 diente der Chor als Weinlager, bevor die Kathedrale danach wieder als Gotteshaus genutzt werden durfte.

In der Juli-Revolution des Jahres 1830 plünderten Aufständische den Domschatz und verwüsteten das bischöfliche Palais.

1871 entging die inzwischen restaurierte Kathedrale der Zerstörungswut der Kommunarden nur knapp.

Notre-Dame überlebte diese Gefahren, die aus dem Inneren der französischen Gesellschaft kamen, ebenso wie die späteren Bedrohungen von außen durch neuentwickelte Kriegstechnologien. Neben ihrer physischen Größe schützte sie dabei wohl auch die in Jahrhunderten gewachsene Größe ihrer spirituellen Bedeutung.

Die Photographie hat sich in ihrem Darstellungsdrang von diesen beiden Größen stets angespornt gefühlt, und die Photographen Frankreichs und der Welt haben nicht abgelassen, sie in »ikonische Bildnisse« umzusetzen. Dabei haben Blicke vom Dach und den

Türmen der Kathedrale auf Paris häufig ebenso eine Rolle gespielt wie Panorama-Aufnahmen und Blicke aus der Ferne der Stadt, wie unsere Bildersammlung sie immer wieder vorführt.

Drei Kapitel photographischer Bildbeispiele folgen auf die Ouvertüre:

Das erste ist den frühen photographischen Meisterwerken des 19. Jahrhunderts gewidmet. In seinem Zentrum stehen die Photographen Hippolyte Bayard, Édouard Baldus, Charles Nègre, Bisson Frères und andere mit ihren Bildern von den Restaurierungsarbeiten des Architekten Eugène Viollet-le-Duc, der zwischen 1845 und 1864 die Kathedrale sanierte und ihr die in unseren Augen »gegenwärtige Gestalt« gegeben hat.

Das zweite Kapitel enthält die Bilder von Eugène Atget, André Kertész, Henri Cartier-Bresson, Thomas Struth und anderer großer Lichtbildkünstler des 20. Jahrhunderts.

Das dritte Kapitel ist den Bildreportern gewidmet, die den großen Brand, die Brandnacht und die »Bestandsaufnahme« am Tag danach dokumentiert haben.

Wenn demnächst die Diskussion über den Wiederaufbau den Raum der Öffentlichkeit in Paris und im Rest der Welt erreicht, wird unser Buch, das einen grundlegenden Essay des amerikanischen Mediävisten Danny Smith über die Problematik »zeitgenössischer Restaurierung« an klassischen Bauten enthält – am Beispiel der Restaurierung Notre-Dames durch Viollet-le-Duc im 19. Jahrhundert –, sicher ein wertvoller Beitrag zur »Bestandsaufnahme« des Ortes und seiner speziellen Probleme sein.

Ich danke allen, die bei der Zusammenstellung dieses Buches mitgewirkt haben. Vor allem aber Danny Smith, dem Autor des Essays, Ulrich Pohlmann, Wolfgang Kemp, Thomas Struth, Paula von Bornhaupt, Nicola Gräfin Keglevitch und Barbara Schock-Werner, der pensionierten Dombaumeisterin des Doms zu Köln.

Lothar Schirmer
München, April 2020

Victor Hugo, ca. 1870. Photographie: Nadar

Eugène Viollet-le-Duc, ca. 1861.
Zeichnung: Léopold Massard

Der mittelalterliche Mythos von Notre-Dame

Danny Smith

»Das Wort ›Restaurierung‹«, schrieb der französische Architekt, Kunsthistoriker und Denkmalpfleger Eugène Emmanuel Viollet-le-Duc (1814–1879), »ist ebenso modern wie die Sache selbst.« In seinem *Dictionnaire raisonné de l'architecture française du XIe au XVI siècle*, einem zehnbändigen Wörterbuch zur Architekturgeschichte Frankreichs mit äußerst präzisen Beschreibungen und Diagrammen, definierte er Restaurierung als eine Praxis, die sowohl dem Erhalt von Bauwerken als auch ihrer Verbesserung dient. »Ein Gebäude zu restaurieren«, erklärte er, »bedeutet nicht, es instand zu halten, zu reparieren oder zu erneuern, sondern es vollständig wiederherzustellen, und zwar in einem Zustand, der zu einem bestimmten Zeitpunkt vielleicht nie existiert hat.« Restaurierung ist nach seiner Theorie ein technisches Verfahren, bei dem das Wissen und die Ideale der Gegenwart eingesetzt werden, um die Vergangenheit zu perfektionieren.

Inspiriert von Viollet-le-Duc machten sich Architekten, Ingenieure und Arbeiter Ende des 19. Jahrhunderts überall in Westeuropa daran, viele der verfallenden Bauwerke ihrer Umgebung mit einem neu geweckten Interesse zu restaurieren. Ausgestattet mit den neuesten Errungenschaften industrieller Technik wie Eisenträger und Stahlbeton renovierten sie zahllose Pfarrkirchen, stützten unzählige Glockentürme ab und bauten sogar ganze Stadtzentren neu auf, wobei sie die Bauwerke der Vergangenheit durch den Einsatz modernster Technik noch verbesserten.

Indem diese Architekten und Baumeister wahre Enzyklopädien über historische Baustile veröffentlichten, »gotische«, von Eisen und Stahl gestützte Fassaden errichteten und farbige Glasfenster nach neueren Fertigungsmethoden im großen Stil reproduzierten, restaurierten sie die Vergangenheit genau so, wie von Viollet-le-Duc empfohlen. Das heißt, sie machten sich die Fortschritte der Moderne nutzbar, während sie gleichzeitig eine Vergangenheit konstruierten, die ihrer jeweiligen Gegenwart entsprach. Hinzu kam noch etwas anderes: Ländergrenzen, die Jahrhunderte lang durchlässig gewesen waren, wurden jetzt festgeschrieben, was dazu führte, dass sich neu definierte Nationalstaaten auf eine Vergangenheit beriefen, die sie selber »restaurierten«, um sich als Nationen mit eigenem unverwechselbaren Charakter und jeweils eigener historischer Tradition zu konstituieren. So verschmolzen etwa in Frankreich unterschiedliche regionale Baustile zu einem einheitlichen französischen *patrimoine*, während die verschiedenen Landschaften Preußens, Bayerns und des Rheinlandes zur *Heimat* eines neuen Deutschlands wurden.

Im Restaurierungskonzept Viollet-le-Ducs offenbart sich eine grundlegende Wahrheit über die Art und Weise, wie Gesellschaften die Vergangenheit betrachten: Geschichte – wer erzählt sie wie und wem? – informiert ja nicht nur über die Vergangenheit, sondern spiegelt in gleichem Maße auch die Gegenwart wider.

Am 15. April 2019 brach bei Restaurierungsarbeiten an der Pariser Kathedrale Notre-Dame ein Feuer aus, das große Teile des Dachs sowie den Vierungsturm zerstörte. Das im späten 12. Jahrhundert geweihte römisch-katholische Gotteshaus bildet den Mittelpunkt Frankreichs. In der Kathedrale wurde ein Kaiser gekrönt, hier fanden Totenmessen für französische Präsidenten und Premiers statt, und im Laufe der Jahrhunderte hat sie politische Unruhen und Kriege überlebt. Während sich zu den Gottesdiensten heute immer weniger Gläubige einfinden, nimmt die Zahl der Touristen, die alljährlich die Sehenswürdigkeit besuchen, ständig zu. Obwohl es sich um einen Sakralbau handelt und in Frankreich eine Trennung von Kirche und Staat besteht, ist Notre-Dame doch noch immer das Symbol von Paris und der Inbegriff französischer Kultur schlechthin.

Die auf der Île de la Cité errichtete Kathedrale befindet sich im Herzen von Paris und bildet den Fundamentalpunkt, von dem aus französische Kartographen das Land vermessen. Sämtliche Entfernungsangaben an den nach Paris führenden Autobahnen Frankreichs beziehen sich auf den Platz vor Notre-Dame. In England dagegen, dessen König oder Königin zugleich Oberhaupt der Staatskirche ist, werden die Entfernungen vom Verkehrsknotenpunkt Charing Cross aus vermessen.

Die Nachricht von der Brandkatastrophe verbreitete sich wie ein Lauffeuer in den sozialen Netzwerken, und viele hatten beim Anblick der Bilder den Eindruck, dass mit der Kathedrale zugleich auch ein Stück französischer Vergangenheit verloren geht. Intellektuelle und Politiker auf der ganzen Welt beklagten den Einsturz des Vierungsturms und die Zerstörung des Dachstuhls, der wegen seiner dicken alten Eichenstämme auch als *la forêt* – der Wald – bezeichnet wird. Doch der Brand offenbarte auch etwas Grundlegendes über die Geschichte Notre-Dames, nämlich dass es sich um eine echte Restaurierung handelt, wie von Viollet-le-Duc beschrieben. Notre-Dame ist ein Bauwerk, das – sowohl architektonisch als auch metaphorisch – permanent restauriert wurde und im Laufe seiner Geschichte unzählige »Modernisierungen« über sich ergehen lassen musste. Wenn wir uns heute einmal mehr anschicken, Notre-Dame zu restaurieren, müssen wir unseren eigenen historischen Moment innerhalb der langen Geschichte der Restaurierungen und Wiederherstellungen der Kathedrale mit reflektieren.

Die Restaurierung Notre-Dames, die Viollet-le-Duc zusammen mit einem Team vornahm, dauerte von 1845 bis 1864. Es wurden mehrere Millionen Francs investiert, um die gotische Sakristei – den Aufbewahrungsort für Messgewänder und liturgische Gerätschaften – wiederherzustellen und das Bauwerk mit einem Vierungsturm zu krönen, der höher, schlanker und besser konstruiert war als alles, was ein mittelalterlicher Dombaumeister je hätte zustande bringen können. Und genau dieser Vierungsturm war es, der am 15. April 2019 einstürzte.

Ein Augenzeuge namens Nicolas Marang filmte den Einsturz des Vierungsturms mit seinem Smartphone – eins von mehreren Videos, die seit dem Brand vielfach im Internet verbreitet wurden –, während er das Feuer vom rechten Seine-Ufer aus beobachtete. Der Himmel ist rauchgeschwärzt, und die Holzbalken des Dachstuhls und der Turm stehen bereits in Flammen. Plötzlich beginnt sich der Turm nach rechts über das Langhaus zu neigen, dann fällt er schnell in sich zusammen und reißt im Sturz mehrere Holzbalken des Dachstuhls mit sich in die Tiefe. Dort, wo er gestanden hat, ragen noch Balken empor, die sich vor den hellen Flammen schwarz abzeichnen.

Kurz bevor der ganze Turm einstürzt, wird in Marangs Video für einen kurzen Augenblick die Stützkonstruktion des Dachreiters sichtbar. Der Kalkstein und die Bleiabdeckungen sind weitgehend weggebrochen, so dass sich das Gerippe des von Viollet-le-Duc geschaffenen Aufsatzes erkennen lässt. Unmittelbar vor dem Einsturz haben die Balken des Turmgerüsts eine geradezu unheimliche Ähnlichkeit mit einer anderen Pariser Ikone: dem Eiffelturm. Viollet-le-Ducs Bauwerk verdankt sich zwar der Ingenieurskunst des 19. Jahrhunderts, doch bis zum April 2019 verbarg sich seine Struktur unter Bleiabdeckungen, Figurenschmuck und Kalksteinblöcken, die es in einem übertrieben gotischen Stil verzierten. Das verheerende Feuer legte die moderne Konstruktion unter dem scheinbar mittelalterlichen Bauwerk bloß.

In einem 1860 in der *Gazette des Beaux-Arts* veröffentlichten Aufsatz verteidigte Viollet-le-Duc seinen Entwurf als einen modernen Turm, der sich in einer authentisch goti-

Viollet-le-Duc, Entwurfszeichnung des Vierungsturms,
in: *Gazette des Beaux-Arts*, Bd. VI, Nr. 4 (1. April 1860)

schen Ummantelung präsentiert.[1] Er pries seine Konstruktion als ein Modell dessen, was mittelalterliche Dombaumeister hätten erschaffen können und das nun mit den Mitteln modernster Technik verwirklicht würde. Die Höhe und Schlankheit des Dachreiters ließen sich dadurch erreichen, dass die Fundamente der vier zentralen Strebepfeiler der Kathedrale untermauert und verstärkt wurden. Der Turm und die Pyramide, auf der er ruht, waren so konzipiert, dass sie allen Windstärken standhalten konnten, und zwar besser als jedes andere Bauwerk in Paris. Als letzte Sicherheitsmaßnahme wurde das Holzgerippe im Innern des Dachreiters so elastisch gebaut, dass er bei Sturm ganz leicht schwankte, so wie es heutige Wolkenkratzer tun. Viollet-le-Duc richtete die Konstruktion danach aus, dass jeweils zwei der vier Strebepfeiler die Schwere des Turms auffangen konnten, dessen Gewicht er auf insgesamt 750.000 Kilogramm veranschlagte. Damit würde die Realisierung dieser technischen Großtat, wie er sich rühmte, nicht mehr als 67 Centimes pro Kilo für Holz, Eisen und Blei kosten. In der prosaischen Bewertung des Projekts, mit der er seine Arbeitsleistung nach dem Kilopreis für Rohmaterial bemaß, kam der Stolz zum Ausdruck, den er angesichts der industriellen Logik seiner Konstruktion und ihrer technischen Präzision empfand.

Notre-Dame und die Chance, ihren Vierungsturm wiederherzustellen, boten Viollet-le-Duc eine ideale Gelegenheit, die Errungenschaften der Industrialisierung auf ein historisches Bauwerk anzuwenden. Doch schon während er daran arbeitete, bekam er es mit dem Protest der Pariser zu tun, die ihm vorwarfen, er habe es mit seinem industriellen Eifer zu weit getrieben. Viele von ihnen befürchteten, das Gerippe seines neuen Turms könnte aus Eisen sein, also aus einem Material, das als Schmuck für ihre nationale Kathedrale viel zu prosaisch sei. Viollet-le-Duc wusste die öffentliche Meinung jedoch zu besänftigen: Das Turmgerüst, so versicherte er, bestehe aus nichts anderem als aus besten französischen – sogar eigens in der Champagne gefällten – Eichenstämmen, die mit Bleimennige behandelt seien, um den Prozess der Verwitterung zu verlangsamen, und im Laufe der Zeit eine rostrote Färbung bekämen. Zwei Jahrzehnte, nachdem das rötliche Gebälk des Dachreiters – passend zum restlichen Erscheinungsbild von Notre-Dame – mit Bleiverkleidungen und Kalkstein umhüllt worden war, entwarf Gustave Eiffel, mit dem Viollet-le-Duc häufig zusammenarbeitete, seinen eigenen Turm. Dieser wurde ganz unverhohlen aus frei liegendem Eisen errichtet und orientierte sich in seiner Konstruktionslogik an Viollet-le-Ducs gotisierendem Dachreiter.

Viollet-le-Duc war keineswegs der Erste, der Notre-Dame mit Modernisierungsansprüchen zu Leibe rückte. Selbst diejenigen Teile ihrer Konstruktion, die heute genuin mittelalterlich wirken, sind Elemente, die dem Bauwerk im Laufe der Zeit nach und nach hinzugefügt wurden. Die berühmten Strebebögen der Kathedrale – das offene Strebewerk, das die Mauern des Mittelschiffs und seine Ostseite abstützt – wurden erst über ein Jahrhundert nach der Weihung als Neuerungen ergänzt, um das Gewicht der Steinmauern aufzufangen. Architekturhistoriker scheuen sich, das Bauwerk irgendeinem allgemeinen Stil zuzuordnen. Die dicken Pfeiler und die Rundbögen des Mittelschiffs sind Merkmale der Romanik, während in den Spitzbögen und den großflächigen Buntglasfenstern der Querhäuser der typische »Style rayonnant« der Hochgotik zum Ausdruck kommt. Was heute als ein weitgehend vereinheitlichtes mittelalterliches Bauwerk erscheint – Viollet-le-Duc bezeichnet es ja immer wieder als *authentique* –, ist in Wahrheit das Resultat jahrhundertelangen Bauens, Renovierens und schließlich Restaurierens. Mittelalterliches Bauen war ein Prozess, der nur langsam vonstatten ging – oft bedurfte es vieler Generationen von Baumeistern, die sich an demselben Projekt abmühten und ihre Arbeit dem jeweiligen Stilwandel ihrer Zeit anpassten. Notre-Dame mit ihrem Stilgemisch bildet dabei keine Ausnahme.

Die Restaurierungen, die im Laufe der Geschichte an Notre-Dame vorgenommen wurden, waren nicht nur baulicher Art. Den Revolutionären des späten 18. Jahrhunderts stellte sich die Kathedrale als ein Monument für die Exzesse des Ancien Régime dar. Sie enthaupteten die Statuen, schmolzen viele der Glocken zu Kanonenkugeln ein, und 1793 weihten sie das Gotteshaus dem Kult der Vernunft. In Notre-Dame wurde fortan nicht mehr die Jungfrau Maria verehrt, sondern Marianne, die republikanische Personifizierung der Freiheit, die auch das Siegel der Ersten Französischen Republik zierte.

Notre-Dame spiegelte auch Napoleons widersprüchliches Verhältnis zur katholischen Kirche wider. Drei Jahre nachdem seine Truppen den Kirchenstaat besetzt und Papst Pius VI. gefangengenommen hatten, handelte Bonaparte mit dem Heiligen Stuhl das Konkordat von 1801 aus, durch das der Konflikt zwischen den Revolutionären und der Kirche beendet und der Status von Notre-Dame als Kathedrale offiziell wiederhergestellt wurde. Am 2. Dezember 1804 krönte sich Napoleon in Anwesenheit von Papst Pius VII., der am Vorabend noch in Windeseile die kirchliche Trauung mit seiner Frau Joséphine vorgenommen hatte, selbst zum Kaiser der Franzosen – nicht in Reims, der traditionellen Krönungskathedrale der französischen Monarchie, sondern in Notre-Dame. Aus Anlass der Feierlichkeit ließ er die Kirche weiß kalken, um die während der Revolution entstandenen Schäden zu übertünchen und dem Bauwerk ein in seinen Augen würdigeres, klassizistisches Aussehen zu verleihen. Später schlug er vor, die Kathedrale zum Amtssitz der katholischen Kirche zu machen: Durch den Transfer der römischen Kurie, des Kardinalskollegiums und des Vatikanischen Geheimarchivs sollte Paris zum neuen Rom werden mit Notre-Dame im klassizistischen Gewande als Zentrum. Die Idee wurde jedoch nie verwirklicht – mit dem Niedergang des Empire musste sich Napoleon auch von seinem Plan verabschieden, Paris zum neuen Rom zu machen. Seine Nachfolger, die wiederhergestellte Dynastie der Bourbonen, vernachlässigten Notre-Dame weitgehend und kehrten zur Tradition der Krönung in Reims zurück.

Als sich während der Juli-Revolution von 1830 die Volksmassen in Paris zusammenrotteten, um gegen die zunehmend repressive Herrschaft Karls X. aus dem Hause Bourbon zu protestieren, wurde Notre-Dame einmal mehr zum Symbol von Machtkonzentration und königlichem Despotismus. Wiederum vergriffen sich Aufständische und Plünderer an der Kathedrale und ihren Skulpturen, von denen viele noch die Narben aus der Zeit der Französischen Revolution trugen. In einer 1825 verfassten »Note sur la destruction des monument en France« forderte Victor Hugo ein Gesetz zum Schutz der mittelalterlichen Baudenkmäler Frankreichs vor denjenigen, die alte Architektur einfach mit dem Ancien Régime gleichsetzten und sie deshalb zerstörten.[2]

Ein paar Jahre später kam Hugo noch einmal auf sein Anliegen zurück. In einem Aufsatz mit dem Titel »Guerre aux démolisseurs«[3] zog er gegen den falschen Pragmatismus kommunaler Beamter zu Felde, die Baudenkmäler des Mittelalters demolierten, um sie zum Materialpreis zu verkaufen. Es waren die nämlichen Beamten, an die sich Viollet-le-Duc 1860 wandte, um ihnen die von ihm geplante Restaurierung des Dachreiters von Notre-Dame unter rein wirtschaftlichen Gesichtspunkten schmackhaft zu machen: 67 Centimes pro Kilo.

Das bekannteste Beispiel dafür, wie Hugo sich für den Erhalt von Baudenkmälern einsetzte, war natürlich insbesondere Notre-Dame – in seinem Roman *Notre-Dame de Paris* von 1831.[4] Der Roman ist im Paris des 15. Jahrhunderts angesiedelt, in einer Stadt, deren titelgebende *Dame* sich sowohl auf die große Kathedrale als auch auf die Figur der betörenden, schönen Esmeralda bezieht. Hugos Sorge um das Schicksal des Kirchenbaus wird im Roman von Claude Frollo, dem Archidiakon der Kathedrale, artikuliert. Von einem gedruckten Buch aufblickend und seine Kirche betrachtend, seufzt er: *ceci tuera cela*. »Wehe! dieses wird jenes töten.«[5]

Frollos Ahnung, schrieb Hugo, »war das Vorgefühl, daß der menschliche Gedanke mit der Änderung seiner Form auch die Ausdrucksweise ändern werde […] daß das so solide und dauerhafte Buch aus Stein dem noch solideren und dauerhafteren aus Papier den Platz einräumen sollte. In diesem Zusammenhang bekamen die rätselhaften Worte des Archidiakons einen anderen Sinn; sie besagten, daß die eine Kunst die andere vom Throne stoßen werde, sie besagten: die Buchdruckerkunst wird die Baukunst töten.«[6] Diese Besorgnis, hier von Hugo im 15. Jahrhundert zum Ausdruck gebracht, galt natürlich genauso für seine eigene Zeit im 19. Jahrhundert.

Hugo befürchtete, die großen Baudenkmäler der französischen Geschichte – und allen voran Notre-Dame – könnten von jenen, die sie nicht mehr als Kunstwerke betrachteten, dem Zerfall anheimgegeben werden. Die Gegner des Feudalismus – oder diejenigen, die ihn in der zeitgenössischen Politik noch immer am Werke sahen – könnten vergessen, so Hugos Sorge, dass »wer damals als Dichter geboren wurde, Baumeister [ward]«.[7] Die mutwillige Zerstörung der Vergangenheit würde diesen künstlerischen Umbruch noch beschleunigen, von den öffentlichen Monumenten mittelalterlicher Architektur hin zur individuellen, reproduzierbaren Technik der Druckerpresse.

Viollet-le-Ducs Definition von Restaurierung und sein Bauvorhaben an Notre-Dame waren eine direkte Reaktion auf Hugos Roman. Die große Popularität des Texts lenkte die öffentliche Aufmerksamkeit auf die baufällige Kathedrale und weckte ein neues Interesse an ihrer Erhaltung. Das gedruckte Buch bedeutete also nicht etwa den Tod der Architektur, sondern kündigte vielmehr ihre Rettung an. Eine Nation, die der Befreiung von Tyrannei und dem Recht auf individuellen Ausdruck allerhöchste Bedeutung beimaß, verstand Hugos Neuinterpretation Notre-Dames durchaus in dem vom Autor intendierten Sinn: nicht als Kronjuwel staatlicher Macht, wie von Napoleon gewünscht, sondern als Zeugnis für das Werk vieler Generationen von Baumeistern und Bildhauern, von Dichtern, die sich in Stein verewigt hatten. »Dieses Gesetz freiheitlicher Entwicklung, das an die Stelle der Einheit tritt«, verkündete Hugo, »ist in der Baukunst niedergeschrieben.«[8]

Einmal mehr wird Notre-Dame restauriert, in der Gegenwart wiederhergestellt werden, und zwar anders als zu irgendeinem Zeitpunkt in der Vergangenheit. Unmittelbar nach der Brandkatastrophe tat Präsident Macron seine Absicht kund, die Kathedrale innerhalb von fünf Jahren »schöner denn je zuvor« wiederaufbauen zu lassen – ein Zeitplan, der nach Ansicht besorgter Experten für eine gewissenhafte Rekonstruktion des beschädigten Baus viel zu knapp bemessen ist. Zugleich befürchten viele Pariser, dass die Regierung die Gefahren des Brands für die Anwohner – insbesondere die große Menge Blei, die in der Feuersbrunst geschmolzen ist – systematisch heruntergespielt hat. In den letzten Wochen wurden Schulen in der näheren Umgebung geschlossen, nachdem eine erhöhte Bleihaltigkeit in der Luft entdeckt worden war. Die Umweltgruppe Robin des Bois (Robin Hood) hat sogar Klage gegen die Stadtverwaltung mit der Begründung erhoben, ihre Mitarbeiter hätten die Pariser Bevölkerung nicht hinreichend über die Gefahren informiert, die das durch den Brand in die Luft entwichene Blei darstellt. Noch während die Glut schwelte, erklärten sich zwei prominente französische Familien, Arnault und Pinault, bereit, mehr als 200 Millionen Euro für die Kosten des Wiederaufbaus zur Verfügung zu stellen. Inzwischen sind aus philanthropischen Quellen in Frankreich und der ganzen Welt Spendengelder in Höhe von fast einer Milliarde Euro zu erwarten.

Die Eilfertigkeit, mit der im ganzen Land für den Wiederaufbau von Notre-Dame gespendet wurde, spiegelt in den Augen vieler die tief sitzende Ungleichheit Frankreichs wider. In den Tagen vor dem Brand waren wieder einmal Demonstranten nach Paris gekommen und hatten sich den Protestierern der *Gilets jaunes* angeschlossen, so benannt nach den gelben Sicherheitswesten, die französische Autofahrer in ihren Fahrzeugen für Notfälle vorschriftsmäßig mitführen müssen. Ihre diffuse Bewegung, die als Reaktion auf die von Macron eingeführte Erhöhung der Benzinsteuer begann, weitete sich schnell zu einem allgemeineren Protest gegen die tiefen ökonomischen Diskrepanzen aus, die innerhalb Frankreichs bestehen: zwischen Arm und Reich, zwischen Stadt und Land. Während privates Geld reichlich auf die Île de la Cité fließt, sieht sich das ländliche Frankreich mit Kürzungen im Dientleistungssektor und steigenden Lebensmittel- und Benzinpreisen konfrontiert, dazu mit einem Präsidenten, der nach Ansicht vieler elitär ist und kein Mitgefühl für ihre Notlage hat. Notre-Dame ersteht aufs Neue als ein Monument heutiger Ungleichheit.

Inzwischen kursieren auch schon die ersten architektonischen Entwürfe für eine wiederaufgebaute Notre-Dame. Während viele dafür plädieren, das Bauwerk so zu restaurieren, wie es vor dem Feuer war, haben andere dramatischere Lösungen vorgeschlagen: eine vollständige Glasbedachung, ein Lichtstrahl an Stelle des Dachreiters, ein wirklich schreckliches Gebilde in Form einer vergoldeten Flamme, das von einem restaurierten Dach aufragen soll und so weiter. Macron hat sich mit verhaltenem Interesse zu einem modernen Dachreiter geäußert, wogegen rechtsradikale Politiker wie Marine Le Pen vehement opponieren. Notre-Dame wird auf jeden Fall restauriert – sei es als sensationell aufgemachtes Juwel heutiger französischer Architektur, sei es als ein Baudenkmal, das von der – selbstverständlich politisch konnotierten – »Grandeur« französischer Vergangenheit zeugt.

Egal, was bei diesen Renovierungsplänen letztlich herauskommt – was erhalten werden wird, ist nicht einfach ein Bauwerk, ja nicht einmal ein politisches Symbol. Was bleibt, ist ein historischer Prozess, ein ununterbrochener Kreislauf von Geburt und Wiedergeburt, da die Vergangenheit immer wieder neu auf die jeweilige Gegenwart zugeschnitten wird, so wie schon zu Zeiten Viollet-le-Ducs, Napoleons und Hugos. Notre-Dame wird überleben, in welcher Form auch immer, doch eines dürfen wir dabei nicht vergessen: Das Bauwerk war auch in den Tagen vor dem Brand eine genauso moderne Konstruktion wie das Bauwerk, das aus seiner Asche wiederauferstehen wird.

ANMERKUNGEN

[1] Viollet-le-Duc, »La Flèche de Notre-Dame de Paris«, in: *Gazette des Beaux-Arts*, Bd. VI, Nr. 4 (1. April 1860), S. 35–39.
[2] Veröffentlicht in: *Revue de Paris*, August 1829.
[3] In: *Revue des deux mondes*, 1. März 1832, S. 607–622.
[4] Im Deutschen bürgerte sich der Titel *Der Glöckner von Notre-Dame* erst ab 1948 ein, während sich die ersten Ausgaben noch am frz. Original orientierten: *Die Kirche Notre-Dame zu Paris* (1831) bzw. *Notre Dame in Paris* (1884). A.d.Ü.
[5] Hier zitiert nach der von Michaela Meßner bearbeiteten Übersetzung Friedrich Bremers (1884): *Der Glöckner von Notre-Dame*, München (dtv) 1994, S. 203. A.d.Ü.
[6] wie Fn. 5, S. 205.
[7] wie Fn. 5, S. 210.
[8] wie Fn. 5, S. 207.

Ouvertüre

Gemälde, Graphiken und eine Photographie

von

Eduard Gaertner

Émile Harrouart

John Henderson

Johan Barthold Jongkind

Charles Méryon

Henri-Charles Plaut

Jean-Baptiste Raguenet

1 Jean-Baptiste Raguenet, *Ansicht von Paris mit der Île de la Cité*, 1763, Öl auf Leinwand, 46 x 84,5 cm
Vor der Île de la Cité ist der Pont Neuf zu sehen, die älteste erhaltene Brücke von Paris; auf der Île de la Cité, in der Ferne die Türme von Notre-Dame. Auffällig ist vor allem der hohe Vierungsturm, der auf der Verbindung von Langschiff und Querschiff aufgerichtet ist. Wegen Baufälligkeit wurde er um 1790 abgebaut.

Sein Schicksal wird im weiteren Verlauf des Buchs noch unsere Aufmerksamkeit erregen.
Der Maler Raguenet (1715–1793) hatte sich auf Pariser Veduten spezialisiert und
betrieb eine kleine Werkstatt auf der Île de la Cité.

OUVERTÜRE

22

2 John Henderson, *Paris – Île de la Cité*, um 1790, Aquarell, 19 x 35,7 cm
Ansicht der Île de la Cité, von Südosten, etwa auf Höhe der Île Saint-Louis gesehen.
Hinter dem Chor der Kathedrale erhebt sich noch der alte Vierungsturm auf dem Dach.
Ursprünglich William Turner zugeschrieben, gilt das Aquarell heute als ein Werk
des frühen Turner-Mäzens, Kunstsammlers und Amateurkünstlers John Henderson.

OUVERTÜRE

3 Eduard Gaertner, *Notre Dame in Paris [von Süden]*, 1827, Öl auf Leinwand, 57,3 x 42,7 cm
Im Vordergrund Wäscherei-Boote auf der Seine. Vor der Kathedrale rechts das Erzbischöfliche Palais, das 1831 abgerissen wurde. Dieses und das folgende Gemälde entstanden während einer Bildungsreise des Berliner Architekturmalers Eduard Gaertner (1801–1877) nach Paris.

4 Eduard Gaertner, [Die ehemalige] *Rue Neuve-Notre-Dame in Paris*, 1826
Öl auf Leinwand, 44 x 33 cm
Die Kathedrale ist auf Gaertners Straßenszene nur im dunstigen Hintergrund zu sehen. Zu erkennen ist jedoch, dass an der Fassade die Nischen der Königsgalerie noch leer sind; sie enthielten seit dem 13. Jahrhundert überlebensgroße Steinskulpturen der Könige von Juda, die in der Revolution zerstört wurden, da man sie für Darstellungen der Könige von Frankreich hielt. Viollet-le-Duc ließ die Figuren in den 1840er Jahren nachbilden und am alten Platz anbringen. Das Gebäude an der linken Ecke zum Vorplatz der Kathedrale gehört zum Komplex des Hôtel-Dieu, des ältesten Hospitals der Stadt, dem auch das Findelhaus angeschlossen war. Den Umstrukturierungen durch Baron Haussmann in den 1860er Jahren fiel der gesamte Straßenzug zum Opfer.

5 Henri-Charles Plaut, *Die Apsis von Notre-Dame*, 1852

Auf dieser vom Quai de la Tournelle aufgenommenen Ansicht sind links drei Seine-Brücken zu sehen:
Pont de l'Archeveché (vorn), Pont au Double (Mitte) und Pont Saint-Charles (hinten).
Am Quai de la Tournelle befanden sich die Hafenanlagen des Port de Montebello,
die für den Transport von Baumaterialien genutzt wurden.
Der Blick vom Quai de la Tournelle auf Notre-Dame und die Île de la Cité
ist eine der beliebtesten Ansichten unter Künstlern und Photographen ihrer Zeit.
Wir zeigen auf den nächsten Seiten fünf Bilder dieses Motivs in unterschiedlichen
künstlerischen Techniken und beginnen mit dieser Photographie des Pariser
Stadtphotographen Henri-Charles Plaut (1819 – nach 1870), die auf das Jahr 1852
datiert ist. Sie zeigt die Kathedrale nach Fertigstellung der Sakristei,
aber noch ohne Vierungsturm.
Die lange Belichtungszeit, die für eine photographische Aufnahme
damals notwendig war, zeigt sich daran, dass Menschen, die sich bewegen,
nicht abgebildet sind und die Wellen der Seine aussehen wie eine Spiegelfläche.
Plauts Aufnahme wurde 1852/53 in dem Album *Paris photographié* veröffentlicht.

6 Émile Harrouart, *Die Apsis von Notre-Dame,
vom Quai de la Tournelle aus gesehen*, vor 1859, Öl auf Leinwand, 54 x 65 cm
Der Maler Émile Harrouart nimmt offensichtlich denselben Standpunkt ein
wie der Photograph Henri-Charles Plaut auf dem vorhergehenden Bild. Es könnte
sogar sein, dass er Plauts Photographie als Vorlage benutzt hat. Sein Gemälde
zeigt denselben Bauzustand der Kathedrale und unterscheidet sich nur durch
die schwimmende Badeanstalt, die vor der Île da la Cité im Fluss ankert, und den
Vordergrund am Quai de la Tournelle. Über den Maler Émile Harrouart
ist nur bekannt, dass er Mitte des 19. Jahrhunderts tätig war.

OUVERTÜRE

7 Johan Barthold Jongkind, *Notre-Dame, vom Quai de la Tournelle aus gesehen*, 1852
Öl auf Leinwand, 40,5 x 27 cm
Der holländische Maler Jongkind (1819–1891) zeigt fast dieselbe Ansicht wie Harrouart (Tafel 6), allerdings noch ohne Sakristei. Der Fokus liegt hier auf den Booten, dem Hafenbetrieb am Port de Montebello sowie den Pferdekarren und Wäscherinnen im Vordergrund. Der Malstil ist bereits von Zügen des Impressionismus beeinflusst.

8 Charles Méryon, Vorstudie zur Radierung *Die Apsis von Notre-Dame de Paris*, 1854, Bleistiftzeichnung, 20,8 x 34,2 cm
Auch Charles Méryon (1821–1868) wählte die malerische Situation mit der Silhouette der Kathedrale flussabwärts.
Méryon, der farbenblind war, wurde ein Spezialist der Schwarzweißradierung. Zwischen 1850 und 1854
schuf er die Serie *Eaux-Fortes sur Paris* mit 32 Radierungen, die ihn schlagartig berühmt machte.

9 Charles Méryon, *Die Apsis von Notre-Dame de Paris*, 1854
Ausführung des Entwurfs (Tafel 8) als Kaltnadelradierung, 15 x 18,9 cm (Motiv)
Die Apsis von Notre-Dame, Nr. 12 der *Eaux-Fortes sur Paris*, ist das bekannteste Motiv aus der Serie und
gilt als Méryons Meisterwerk. Die Vögel am Himmel geben dem Blatt eine spezielle Atmosphäre.

OUVERTÜRE

10 Charles Méryon, *Le Petit Pont*, 1850, Radierung, 1850, 26 x 19,1 cm (Motiv)
Le Petit Pont (heute Petit-Pont-Cardinal-Lustiger) verbindet die Île de la Cité mit dem linken Seine-Ufer. Den Schatten in Form eines Sphinxhauptes an der Wand links von der Brücke hat Méryon der Symbolik wegen hinzugefügt. Im Hintergrund die Türme der Kathedrale.

OUVERTÜRE

11 Charles Méryon, *La Galerie Notre-Dame*, 1853, Radierung, 28,3 x 16,5 cm
Blick aus dem Turmgeschoss der Kathedrale auf die Dächer von Paris.
Das kunstvoll mit gotischen Säulen verzierte Turmgeschoss kontrastiert mit dem Stadtbild dahinter.
Links lassen sich unheimlich wirkende, dunkle Vögel zwischen den Säulen nieder.
Victor Hugo schätzte diese Radierung Méryons besonders.

12 Charles Méryon, *Dämon*, 1852, Radierung, 16,9 x 13 cm (Motiv)
Hoch über der Stadt sitzt ein von Raben umschwirrter, geflügelter und gehörnter Dämon
auf einem gotischen Sims von Notre-Dame und streckt Paris die Zunge heraus.
Im Hintergrund, auf der anderen Seite der Seine, die Tour Saint-Jacques.
Die Schimäre – eine Schöpfung des Architekten Viollet-le-Duc – wurde
von Zeitgenossen als Personifikation Napoleons III. interpretiert,
der wie ein Vampir das Blut aus der Stadt saugt,
über die er sich erhoben hat.

Das 19. Jahrhundert

Photographien und Architekturzeichnungen

von

Édouard Baldus (1813–1889)

Hippolyte Bayard (1801–1887)

Bisson Frères, Louis-Auguste (1814–1876) und Auguste-Rosalie (1826–1900)

Louis Désiré Blanquart-Evrard (1802–1872)

Auguste Hippolyte Collard (1812–1893)

Jean-Baptiste Antoine Lassus (1807–1857)

Gustave Le Gray (1820–1884)

Henri Jean-Louis Le Secq (1818–1882)

Charles Marville (1813–1879)

Léopold Louis Mercier (geb.1866)

Médéric Mieusement (1840–1905)

Louis Adolphe Humbert de Molard (1800–1874)

Charles Nègre (1820–1880)

Henri-Charles Plaut (1819– nach 1870)

Charles Soulier (1840–1875)

William Henry Fox Talbot (1800–1877)

Eugène Viollet-le-Duc (1814–1879)

Vve. Vagneur (aktiv um 1860)

DAS 19. JAHRHUNDERT

13 Blick über den Pont Royal die Seine aufwärts
auf die Île de la Cité und Notre-Dame. Anfang 1850er Jahre.
Am linken Bildrand der Louvre und die Tuilerien. Vor dem
linken Brückenbogen liegt ein Dampfschlepper, hinter dem
zweiten Brückenbogen von rechts ist der Pont du Carrousel
zu erkennen, im Vordergrund links eine Badeanstalt für Damen.
Photograph unbekannt

NOTRE-DAME DE PARIS

41

14 Panorama von Paris mit der Île de la Cité im Zentrum, 1862
Aufgenommen vom Pont des Arts und mit Blick auf den Pont Neuf,
die älteste erhaltene Brücke der Stadt – sie verbindet die Westspitze der
Insel mit linkem und rechtem Ufer. Am linken Bildrand ein Bogen des
Pont au Change und die Türme der Conciergerie, rechts im Hintergrund
der Pont Saint-Michel. Im Vordergrund liegt eine schwimmende
Badeanstalt mit der Aufschrift »Ecole de Natation« im Fluss.
Photographie: Charles Soulier

DAS 19. JAHRHUNDERT

15 Bick über die Seine auf Notre-Dame, 1852
Im Vordergrund Wäscherei-Boote. Bei der Brücke handelt es sich um den Pont Saint-Michel
in seiner alten Form, vor dem Abriss nach Beschluss der Stadtverwaltung von 1855
Photographie: Louis Adolphe Humbert de Molard

NOTRE-DAME DE PARIS

45

16 Blick vom linken Seine-Ufer flussaufwärts auf die Île de la Cité und Notre-Dame, 12. Mai 1857
Im Vordergrund der Pont Saint-Michel, der kurz vor seinem Abriss für den Verkehr gesperrt ist.
Photographie: Auguste Hippolyte Collard

17 **Blick vom linken Seine-Ufer auf die Île de la Cité mit Notre-Dame, 1859**
Im Vordergrund der neue Pont Saint-Michel mit nur noch drei Bögen von jeweils größerer Spannweite.
Das »N« im Lorbeerkranz schmückt die Brücke, weil sie im Zweiten Kaiserreich unter Napoleon III.
erbaut wurde. Vom südlichen Turm der Westfassade von Notre-Dame halb verdeckt ist
der im Bau befindliche Vierungsturm von Viollet-le-Duc zu erkennen.
Photographie: Auguste Hippolyte Collard

18 Blick von Westen auf die Turmfassade, 1846

Die früheste Aufnahme der Kathedrale auf Photopapier verdanken wir dem englischen Photopionier William Henry Fox Talbot. Sie ist auf den 1. Januar 1846 datiert und zeigt den Blick auf die Turmfassade von Westen aus Richtung der früheren Rue Neuve-Notre-Dame (vgl. Tafel 4). Mittelportal und Südportal sind durch einen Bauzaun versperrt, die Nordpforte ist mit einem Baldachin geschmückt, was vielleicht darauf hindeutet, dass Weihnachts- und Neujahrsgottesdienste stattgefunden haben. Die Nischen für die Königsstatuen über den Portalen sind noch leer.

19 Auferstehungsengel auf dem westlichen Giebel des Langhauses, 1853

Henri Le Secq photographierte die Figur en face nach der Restaurierung, also mit ergänzten Flügeln (vgl. Tafel 20). Der eine sogenannte Busine (auch Heroldsposaune) blasende Engel ist die Schöpfung eines Bildhauers aus dem 13. Jahrhundert. Die Photographie ist von Le Secq im Negativ bezeichnet, signiert und datiert.

20 Der Auferstehungsengel im Halbprofil, 1853
Vor der Restaurierung von der Turmgalerie aus aufgenommen.
Photographie: Charles Nègre

21 Notre-Dame, von Westen aus gesehen, 1850er Jahre
Bauarbeiten behindern den Zugang zum Mittelportal.
Auch die zu dieser Zeit völlig erneuerte Westrose ist noch eingerüstet.
Die Nischen für die Skulpturen der Königsgalerie sind noch leer.
Am linken Bildrand das Hôtel-Dieu.
Photographie: Bisson Frères

22 Tympanon des um 1200 entstandenen Marienportals an der Westfassade von Notre-Dame, 1857–1859
Einer Reihe thronender Propheten und Könige des Alten Testaments folgen Tod und Himmelfahrt Mariens
im Beisein der Apostel, darüber ihre Krönung durch einen Engel, begleitet vom Segen Christi.
Photographie: Gustave Le Gray

23 Die Westfassade von Notre-Dame, um 1853
Das Mittelportal ist durch einen Bauzaun unzugänglich gemacht,
und vor dem Tympanon befindet sich ein Gerüst für Restaurierungsarbeiten.
Photographie: Charles Nègre

DAS 19. JAHRHUNDERT / DIE WESTFASSADE

24 Nahaufnahme des nördlichen Portals der Westfassade von Notre-Dame, des Marienportals, um 1855
Photographie: Bisson Frères

25 Die Westfassade von Notre-Dame, 1850er Jahre
Die Westfassade mit ihren drei Portalen, dem Marienportal unter dem Nordturm,
dem Portal des Jüngsten Gerichts in der Mitte und dem Annenportal rechts im Bild.
Darüber die Königsgalerie mit den von Viollet-le-Duc ergänzten Nischenfiguren.
Links im Vordergrund das Hôtel-Dieu.
Photographie: Édouard Baldus

26 Zeichnung der Westfassade mit Vierungsturm, 1843
Victor Hugos 1831 veröffentlichter Roman *Der Glöckner von Notre-Dame*
entfachte das öffentliche Interesse an der Kathedrale neu. Aus einem Wettbewerb
zur umfassenden Restaurierung von Notre-Dame gingen Jean-Baptiste Lassus
und Eugène Viollet-le-Duc 1844 als Sieger hervor. Lassus starb allerdings
vor der Vollendung, sodass Viollet-le-Duc als Neugestalter der Kirche
in die Geschichte einging.
Aquarellierte Federzeichnung (91 x 63 cm):
Eugène Viollet-le-Duc und Jean-Baptiste Antoine Lassus

27 Die Westfassade von Notre-Dame mit dem Vierungsturm, 1863
Henri-Charles Plaut photographierte die Westfassade hier aus der Untersicht entlang der früheren Rue Neuve-Notre-Dame (vgl. Tafel 4).
In der Königsgalerie fehlen an beiden Enden einige Nischenfiguren; wahrscheinlich wurden sie gerade ausgetauscht.
Links das Hôtel-Dieu, eine Plakatwand gibt die Ereignisse des Konzertlebens bekannt.
Der Himmel ist wahrscheinlich ins Bild hineinretuschiert.

28 Die Westfassade von Notre-Dame mit Vierungsturm und Baugerüst, um 1863
Das Bild auf der folgenden Seite wurde etwa um dieselbe Zeit aufgenommen,
der Photograph Édouard Baldus wählte einen erhöhten Standpunkt.

29 Blick auf Notre-Dame von Südwesten, um 1890
Hinter dem Querhaus ist die neue Sakristei erkennbar, die Viollet-le-Duc im Stil des 13. Jahrhunderts errichten ließ, westlich vom Querhaus das Erzbischöfliche Palais, das im Stil des 12. Jahrhunderts auf den alten Grundmauern neu erbaut wurde. Die 28 Nischen der Königsgalerie sind inzwischen komplett bestückt. Photograph unbekannt

DAS 19. JAHRHUNDERT / DIE SÜDFASSADE

30 **Die Südfassade des Querschiffs, um 1850**
Die Bauarbeiten zur Restaurierung der Kathedrale sind in vollem Gange.
Henri Le Secq zeigt die filigrane Schönheit der Südfassades des Querschiffs.
Am rechten Bildrand ist das Gebäude der Sakristei zu sehen.

31 Notre-Dame, vom Südufer der Seine aus gesehen, 1847
Das frühe Photo von Hippolyte Bayard lässt auf rege Bautätigkeit schließen: Der Südturm und der Chor sind eingerüstet, nur am östlichen Langhaus sind keine Gerüste zu sehen. An der neuen Sakristei wird bereits gearbeitet (im Vordergrund rechts neben der Querhausfassade).
Photographie: Hippolyte Bayard, handschriftlich monographiert und datiert unten rechts

DAS 19. JAHRHUNDERT / DIE SÜDFASSADE

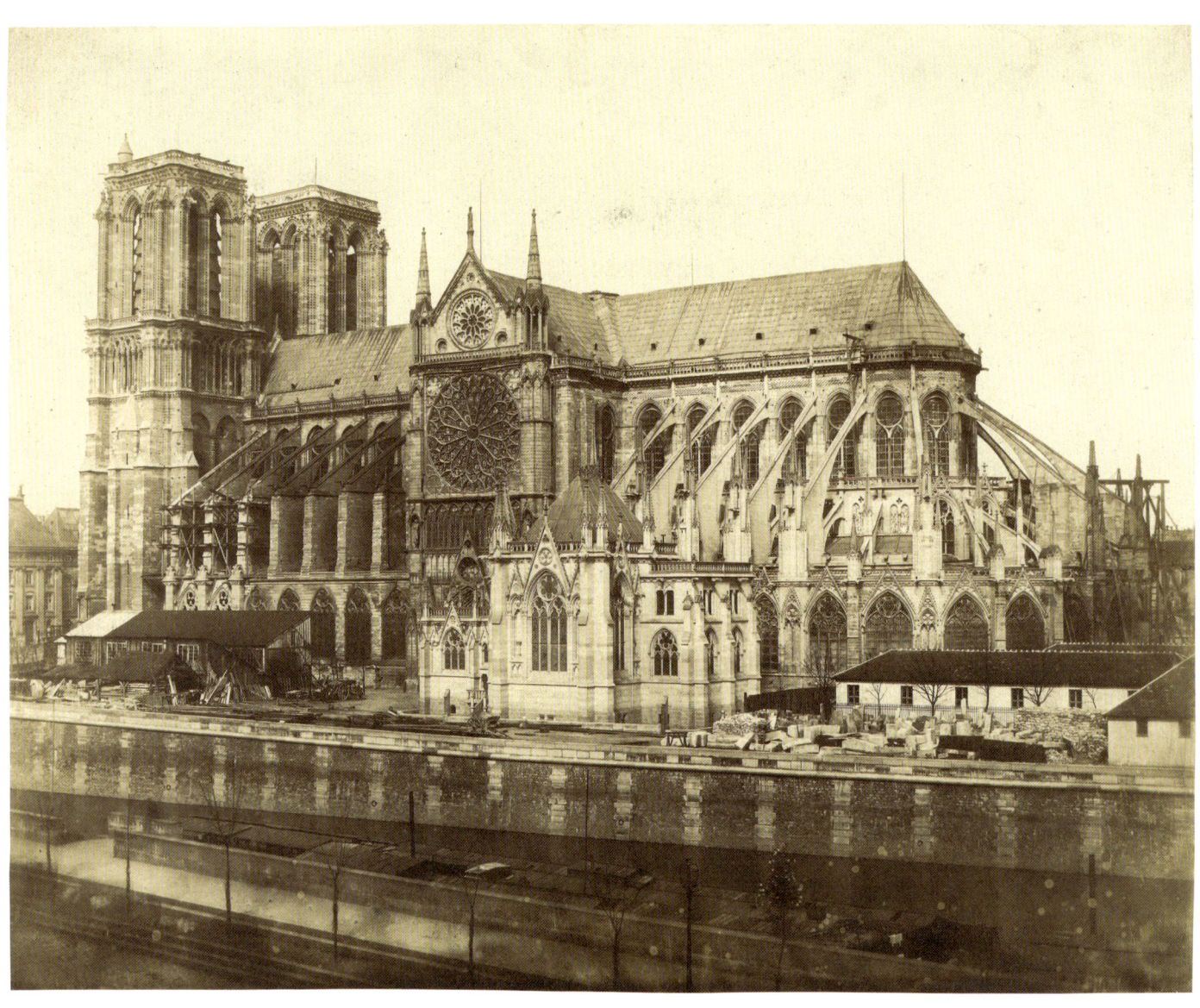

32 Blick auf Notre-Dame von Süd-Südosten aus, um 1850
Die neue Sakristei steht bereits. Vom Vierungsturm fehlt allerdings noch jede Spur.
Photographie: Édouard Baldus

33 Ansicht der Südseite der Kathedrale mit fertiggestellter Sakristei, um 1850
Noch ohne Vierungsturm. Auf dem Dach des Chors sind bereits ein Teil
des Firstornaments und das Kreuz über der Apsis hinzugekommen.
Photographie: Bisson Frères

DAS 19. JAHRHUNDERT / DIE SÜDFASSADE

68

34 Zeichnung der Südseite der Kathedrale mit dem Vierungsturm, 1843
Nicht berücksichtigt ist hier die neu zu errichtende Sakristei.
Zeichnung (88 × 146 cm): Eugène Viollet-le-Duc und Jean-Baptiste Antoine Lassus

DAS 19. JAHRHUNDERT

35 Bauarbeiten an den Strebebögen des Chors, 1851
Photographie: Henri Le Secq

36 Notre-Dame von Südosten aus gesehen, um 1856
Der Vierungsturm befindet sich im Bau. Er bestand aus 500 t
mit Bleimennige behandelten Eichenholzbalken und war mit 250 t Blei
und Kalkstein verkleidet. Der Glockenstuhl beherbergte drei Glocken.
Am 15. August 1859, dem Patroziniumstag, wurde der Turm eingeweiht.
Photograph unbekannt

37 Der Vierungsturm im Bau, mit Gerüst, von Südwesten aus gesehen, vor 1859
Photograph unbekannt

38 Der Vierungsturm im Bau, im Vordergrund die südliche Querhausfassade, vor 1859
Photographie: Bisson Frères

39 Entwurfszeichnung des Vierungsturms mit Skulpturenprogramm, 29. Oktober 1857
Aquarellierte Federzeichnung (117 x 59 cm): Eugène Viollet-le-Duc und Jean-Baptiste Antoine Lassus

40 Der Vierungsturm von Notre-Dame, von Südwesten mit Blick auf die Île Saint-Louis, 1870er Jahre
Von der Turmgalerie aus gesehen. Photographie: Charles Marville

DAS 19. JAHRHUNDERT

41 Die Dachfirste des Lang- und des Querhauses, von der Turmgalerie aus gesehen, um 1860
Der Auferstehungsengel auf dem äußersten westlichen Punkt wurde restauriert, seine
Flügel sind im Unterschied zum Zustand auf Tafel 20 vollständig. Deutlich erkennbar
ist von diesem Standpunkt aus die Fülle der Skulpturen und Ornamente, mit denen
Viollet-le-Duc die Kathedrale im Rahmen der Neugestaltung ausgestattet hat.
Photographie: Charles Marville

DAS 19. JAHRHUNDERT

42 Eines der Fabelwesen, mit denen Viollet-le-Duc
die Kathedrale bei der Neugestaltung bestückte, 1880er Jahre
Ihre eigentliche Funktion als Wasserspeier, wie an mittelalterlichen
Bauwerken üblich, erfüllen die Figuren nicht. Von Türmen, Geländern
oder Galerien blicken sie auf die unter ihnen liegende Stadt hinab.
Photographie: Léopold Louis Mercier

DAS 19. JAHRHUNDERT

43 Die bekannteste Skulptur auf dem Dach, »Le Stryge« (der Vampir), um 1900
So genannt vom Kunstsammler und Photohistoriker André Jammes in
Anlehnung an die berühmte Radierung von Charles Méryon (siehe Tafel 12).
Photograph unbekannt

44 Der Photograph Henri Le Secq, ein Freund Nègres, auf der Galerie des Nordturms neben »Le Stryge«, 1853
Nègre stellte das Bild zu Lebzeiten nie aus, bot es aber beim Kunsthändler Goupil
zum Verkauf an, der es mit großem Erfolg vertrieb. Photographie: Charles Nègre

DAS 19. JAHRHUNDERT

45 Chimären auf der Turmgalerie
In seinen Entwürfen lebte Viollet-le-Duc seine von der Romantik geprägte
Vorstellung vom Mittelalter voll aus. Der Erfolg beim Publikum gab ihm recht.
Hinter der Figur rechts ist das aufwendige Ornament
auf dem Dachfirst des Langhauses zu erkennen.
Photograph und Jahr unbekannt

46 Ein steinerner Ziegenbock auf der Brüstung der Turmgalerie
Wie alle zugänglichen Fabelwesen ist er ein beliebtes Postkartenmotiv.
Photograph und Jahr unbekannt

47 Blick auf Notre-Dame vom Quai Montebello am südlichen Seine-Ufer aus, 1860er Jahre
Der Bau der Sakristei und des Vierungsturms scheinen abgeschlossen, doch deuten
Bauhütten und gelagertes Baumaterial auf weitere Arbeiten hin. Am linken Bildrand,
am Eingang in die ehemalige Rue Neuve-Notre-Dame (vgl. Tafel 4) das alte Hôtel-Dieu.
Photographie: Édouard Baldus

48 Die südöstliche Ansicht der Kathedrale, vom Quai de la Tournelle aus aufgenommen, 1860er Jahre
Im Vordergrund der Pont de l'Archevêché.
Photographie: Charles Soulier

DAS 19. JAHRHUNDERT / NORDOSTEN

49 Blick auf die Kathedrale von Nordosten, von der Île Saint-Louis aus, 1880–1890
Photographie: Médéric Mieusement

DAS 19. JAHRHUNDERT / DIE NORDFASSADE

50 Die Nordansicht des Querschiffs mit dem »Portail du Cloître«, um 1865
Photographie: Vve. Vagneur

51 Eingang zur Sakristei von Notre-Dame, ca. 1853

An der Südostseite des Hauptschiffs gelegen. Die Sakristei wurde wie auch die Schatzkammer von Viollet-le-Duc als eigenständiges Gebäude im mittelalterlichen Stil neu entworfen und ist durch eine Galerie mit der Kathedrale verbunden. Photographie: Charles Nègre

52 Die »Porte Rouge«, das rote Tor, an der Nordseite des Chors, 1852

Sie trägt ihren Namen, u. a. weil durch sie die – bei festlichen Anlässen rot gewandeten – Kanoniker direkten Zugang zum Chorgestühl haben. Im Tympanon sind Ludwig der Heilige, der Stifter des Portals, und seine Gemahlin, Marguerite de Provence, abgebildet, kniend vor Christus und der Jungfrau. In den Archivolten ist das Leben des heiligen Marcellus, Bischof von Paris im 5. Jahrhundert und Schutzheiliger der Stadt, geschildert.
Photographie: Charles Marville und Louis Désiré Blanquart-Evrard

53 Blick auf die Île de la Cité mit Notre-Dame vom Nordufer der Seine aus, 1867–1878
Für den Neubau des Hôtel-Dieu hatte Haussmann das große Geviert zwischen dem Vorhof der Kathedrale, der Rue d'Arcole, der Rue de la Cité und dem großen Seine-Arm rigoros von der alten Wohnbebauung befreien lassen (vgl. Tafel 4). Die Grundsteinlegung fand 1864 statt.
Im Hintergrund rechts die Kuppel des Panthéon.
Photographie: Auguste Hippolyte Collard

DAS 19. JAHRHUNDERT / PANORAMEN

54 Blick auf die Île de la Cité mit Notre-Dame vom nördlichen Seine-Ufer aus, um 1873
Aufnahme eines anonymen Photographen von der Höhe der Place du Châtelet aus.
Zwischen den beiden Brücken am Quai de Gesvres ein Droschkenhalteplatz mit etwa
20 Droschken. Im Vordergrund auf dem Fluss die schwimmende Badeanstalt.
Anonymer Photograph, aus einem 1867–1871 veröffentlichten Album der Kamerafirma
Koch & Wilz, die eine Panoramakamera entwickelt hatte, mit der man in einer einzigen
Aufnahme ein zusammenhängendes Panorama photographieren konnte.

NOTRE-DAME DE PARIS

DAS 19. JAHRHUNDERT / PANORAMEN

55 Panorama-Aufnahme von Paris mit nördlichem Seine-Ufer als Standort, 1867–1871,
mit dem östlichen Teil der Île de la Cité samt Notre-Dame und dem freigeschlagenen Bauplatz
für das neue Hôtel-Dieu. Im Zentrum der Aufnahme die Île Saint-Louis. Vorn mittig der Pont d'Arcole,
dahinter, nördlich der Île Saint-Louis, der Pont Louis-Philippe und der Pont Marie. Als Verbindung
zwischen Île de la Cité und Île Saint-Louis dient der Pont Saint-Louis. Das große Gebäude links im
Bild ist das Hôtel de Ville, dahinter sind die Türme der Kirche Saint Gervais zu erkennen.
Die Aufnahme wurde vermutlich von der Tour Saint-Jacques gemacht.
Anonymer Photograph, ebenfalls aus dem Album der Kamerafirma Koch & Wilz.

DAS 19. JAHRHUNDERT / PANORAMEN

56 Panoramablick auf die Île de la Cité mit Notre-Dame, um 1867
Dieses Bild eines anonymen Photographen wurde von einem Turm der Église Saint Gervais östlich des
Hôtel de Ville aufgenommen. Von links nach rechts sieht der Betrachter die Westspitze der Île Saint-Louis
und den Pont Saint-Louis, der die Insel mit der Île de la Cité verbindet. In der Bildmitte die Île de la Cité von
Osten nach Westen. Die Brücken im nördlichen Seitenarm der Seine sind, von vorn nach hinten: Pont d'Arcole,
Pont Notre-Dame, Pont au Change und Pont Neuf. Im Vordergrund rechts der Blick über die Dächer des
Hôtel de Ville, links auf dem Fluss die schwimmende Badestation der staatlichen Schwimmlehranstalt,
wie auf der Außenseite zu lesen ist. Auch hier handelt es sich um ein Panorama aus dem Album des
Kameraherstellers Koch & Wilz.

NOTRE DAME DE PARIS

101

Das 20. Jahrhundert

Photographien

von

Eugène Atget (1857–1927)

Marcel Bovis (1904–1997)

Henri Cartier-Bresson (1908–2004)

François Le Diascorn (geb. 1947)

Raoul Hausmann (1886–1971)

Pierre Joly (1925–1992)

André Kertész (1894–1985)

Barbara Klemm (geb. 1939)

Jean-Marie Marcel (1917–2012)

Thomas Struth (geb. 1954)

Maurice Zalewski (1914–2009)

DAS 20. JAHRHUNDERT

57 Der Quai d'Orléans am Südufer der Île Saint-Louis, 1900
Der Blick geht seineabwärts Richtung Westen auf Apsis
und rückwärtige Seite der Türme von Notre-Dame
Photographie: Eugène Atget

104

DAS 20. JAHRHUNDERT

58 Treppenaufgang zu einem Eingang an der Südseite der Kathedrale, 1905
Photographie: Eugène Atget

59 Südostansicht der Kathedrale vom Quai de Montebello
unterhalb des Pont de l'Archevêché, ca. 1907
Photographie: Eugène Atget

DAS 20. JAHRHUNDERT

60 Blick über den Vorplatz auf die Westfassade, um 1912
Passanten überqueren den Platz, am linken Rand scheint ein Aufmarsch,
eine Demonstration oder eine Kundgebung stattzufinden. Bis in die 1860er Jahre
hinein war der Blick auf Notre-Dame durch dichte Bebauung beeinträchtigt (vgl. Tafel 4).
Im Zuge der radikalen städtebaulichen Umstrukturierungen durch Baron Haussmann
erhielt der Vorplatz seine heutigen Ausmaße.
Pressephoto Agence Rol

DAS 20. JAHRHUNDERT

61 Paris unter Wasser, 27. Januar 1910
Blick vom Quai Saint-Bernard am südlichen Seine-Ufer westwärts auf Notre-Dame mit dem Pont de Sully im Vordergrund. Das zweitgrößte jemals gemessene Hochwasser lässt die Brückenpfeiler im Wasser verschwinden. Der Höchststand wurde einen Tag später erreicht. Bereits eine Woche zuvor wurde die Schifffahrt eingestellt. Das Wasser stieg zehn Tage lang an und brauchte 35 Tage zum Abfließen. 22.000 Keller und Hunderte Straßen waren überschwemmt, Typhus und Scharlach breiteten sich aus.
Photograph unbekannt

62 Feierlichkeiten zum 500. Jahrestag der Geburt von Jeanne d'Arc, 19. Mai 1912
Ansicht des Inneren der Kathedrale: der Blick ins Langhaus geht von
Westen nach Osten in Richtung Hauptaltar und Apsis.
Presseaufnahme Agence Rol

63 Blick vom Vorplatz auf die Westfassade, deren Portale verbarrikadiert sind, wohl 1914–1918
Presseaufnahme Agence Rol

DAS 20. JAHRHUNDERT

64 Notre-Dame im Nebel, von Südosten gesehen mit dem Pont de l'Archevêché im Vordergrund, 1925–1928
Arbeiter sind im Port de la Tournelle mit dem Be- und Entladen von Schiffen beschäftigt.
Photographie: André Kertész

DAS 20. JAHRHUNDERT

65 Blick vom Quai de Montebello auf dem südlichen Seine-Ufer, 1922/23
Photographie: Eugène Atget

DAS 20. JAHRHUNDERT

66 Blick auf die Westfassade von Notre-Dame, 1939
Raoul Hausmann, österreichischer Dadaist im Pariser Exil, stellte
die Türme schief. Sein Augenmerk gilt offensichtlich der Oberfläche
und Ornamentik der Steine und der Steinbildhauerei. Dazu gibt es
einen dramatischen Himmel.

67 Ein öffentliches Gebet für Frankreich, 19. Mai 1940
Die Gläubigen betreten die Kathedrale durch die mit Sandsäcken gesicherten Portale. Die hohe Geistlichkeit und das gesamte Kabinett von Ministerpräsident Paul Reynaud haben sich in der Kirche versammelt und bitten um göttlichen Beistand zum Abwenden einer drohenden militärischen Katastrophe.
Photographie: Cl. Le Studio

DAS 20. JAHRHUNDERT

68 Nach dem Einmarsch der deutschen Wehrmacht werden die Sandsackbarrikaden
unter der Aufsicht deutscher Soldaten abgebaut, Juni 1940
Photograph unbekannt

69 Die Befreiung von Paris, August 1944
Ein Panzer der Division Leclerc auf dem Vorplatz von Notre-Dame.
Photographie: Jean-Marie Marcel

NOTRE-DAME DE PARIS

70 Notre-Dame im Schnee, vom linken, südlichen Seine-Ufer, dem Quai Montebello, aus gesehen, Januar 1945
Links der Pont de l'Archevêché, am Ufer ein vereinzelter Spaziergänger mit Hund.
Photographie: Marcel Bovis

71 Notre-Dame erstrahlt wieder im Dunkeln – der Krieg in Europa ist zu Ende.
Zwei Scheinwerfer auf dem Vorplatz bilden ein V für »Victory« in der Nacht des 8. Mai 1945,
dem Tag des Kriegsendes in Europa.
Photograph unbekannt

DAS 20. JAHRHUNDERT

72 Die Türme von Notre-Dame im Nebel, Februar 1949
Ansicht von Südwesten, Kreuzung Rue Saint-Jacques / Quai de Montebello.
An den Straßenrändern bieten Bouquinisten ihre Ware an.
Photographie: Marcel Bovis

NOTRE-DAME DE PARIS

DAS 20. JAHRHUNDERT

73 Blick auf Notre-Dame von Osten, um 1950
Besonders gut zur Geltung kommen aus dieser Perspektive die
Strebepfeileran Chor und Apsis, die ihre elegante Form erst Anfang des
14. Jahrhunderts erhielten. Die Kastanienbäume, die vermutlich nach
Abschluss der Restaurierung gepflanzt wurden (vgl. Tafel 47), sind
inzwischen zu einem üppigen Wald herangewachsen. Die Aufnahme
entstand auf dem Nordwest-Ufer der Île Saint-Louis, am Quai d'Orléans.
Photographie: Pierre Joly

74 **Der Vierungsturm, von der Turmgalerie aus aufgenommen, 1953**
Über die sich kreuzenden Dächer der Kathedrale hinweg geht der Blick
aus der Vogelperspektive Richtung Osten und folgt dem Verlauf der Seine
durch die Stadt. Rechts am mittleren Bildrand ist der nördlichste Pfeiler
des Pont de l'Archevêché zwischen Île de la Cité und linkem Seine-Ufer
zu erkennen, im Hintergrund Pont de la Tournelle und Pont de Sully,
die von der Île Saint-Louis über den linken Seine-Arm führen.
Photographie: Henri Cartier-Bresson

DAS 20. JAHRHUNDERT

75 Eine Messe unter freiem Himmel auf dem Vorplatz der Kathedrale, 1962
Vor dem Hauptportal wurde provisorisch ein Altar aufgestellt.
Die helle Pflasterung auf dem Vorplatz bezeichnet den Verlauf
der ehemaligen Rue Neuve-Notre-Dame und der sie
umgebenden Bebauung (vgl. Tafel 4), die in den 1860er Jahren
dem Neubau des Hôtel-Dieu weichen mussten.
Photographie: Maurice Zalewski

DAS 20. JAHRHUNDERT

76 Trauergottesdienst für Georges Pompidou, 5. April 1974
An den Beerdigungsfeierlichkeiten für den drei Tage zuvor verstorbenen Staatspräsidenten nahmen zahlreiche in- und ausländische Gäste teil.
Photographie: Barbara Klemm

DAS 20. JAHRHUNDERT

77 Blick über Paris von der Turmgalerie in Richtung Südosten, 1977
Vorn rechts der Pont de l'Archevêché, dahinter Pont de la Tournelle
und Pont de Sully zwischen Île Saint-Louis und linkem Seine-Ufer,
wo sich das riesige Gelände der Universités Paris VI und VII erstreckt.
Henri Cartier-Bresson nahm für seine Aufnahme desselben Motivs einen
fast identischen Standpunkt ein (vgl. Tafel 74). Allein die parkenden
Busse hinter dem Chor und die Silhouette der Tour Montparnasse
deuten auf die verstrichene Zeit hin.
Photographie: Thomas Struth

DAS 20. JAHRHUNDERT

78 Die in den 1990er Jahren gereinigte Westfassade erstrahlt vor blauem Himmel, 2000
Besucherströme formieren sich zu einer Schlange vor dem südlichen der drei Portale,
über das nördliche Portal verlässt man die Kathedrale.
Photographie: Thomas Struth

DAS 20. JAHRHUNDERT

79 Die mittelalterlich anmutenden Fabelwesen von Viollet-le-Duc, 1980
Von der Galerie des Südturms geht der Blick über die Stadt Richtung
Südwesten. Im Hintergrund rechts die 1969–73 errichtete
Tour Montparnasse, seinerzeit das höchste Gebäude Frankreichs.
Photographie: François le Diascorn

Der Brand
und die Tage danach

Photographien

von

Ed Alcock

Fabien Barrau

François Guillot

Dan Kitwood

Ludovic Marin

Christophe Morin

Christophe Petit Tesson

Gilles Rolle

Lana Sator

Benoit Tessier

Geoffroy Van der Hasselt

DER BRAND

80 Notre-Dame in Flammen, 15. April 2019
Auf dem Dach der Kathedrale, die für
150 Millionen Euro renoviert werden sollte,
brach am frühen Abend des 15. April 2019
ein Feuer aus, das innerhalb einer Stunde
den gesamten Dachstuhl erfasste. Auf den
Brücken stockt der Verkehr, als sich die
Pariser und Touristen versammeln, um
mit Entsetzen das Drama zu verfolgen.
Photographie: François Guillot

DER BRAND

81 Das Feuer frisst sich rasend schnell durch den 100 m langen Dachstuhl des Langhauses, der aus 1300 Eichenbalken aus dem 12. und 13. Jahrhundert bestand und *la forêt*, der Wald, genannt wurde. Auch der Vierungsturm aus dem 19. Jahrhundert steht binnen kürzester Zeit in Flammen.
Photographie: François Guillot

82 Der Vierungsturm steht in Flammen.
Die 16 großen Kupferstatuen der Apostel und Evangelisten,
die seine Basis seit der Erneuerung der Kirche durch Viollet-le-Duc umstanden,
waren eine Woche zuvor zu Restaurierungszwecken abmontiert worden.
Photographie: Benoit Tessier

DER BRAND

150

83/84 Im Vergleich zum Feuer leuchtet die untergehende Sonne nur noch schwach
am rauchverhangenen Himmel über der Kathedrale.
Der Dachstuhl über dem Chor steht in Flammen und stürzt wenig später ein.
Photographien: François Guillot

DER BRAND

152

85/86 Blicke auf die Nordseite

Hier wird erkennbar, dass sich der Brand im Langhaus von der Mitte zunächst
stärker Richtung Osten zur Apsis hin ausbreitet, über der der Dachstuhl dann auch bald einstürzt.
Etwa 600 Feuerwehrleute sind mit 70 Fahrzeugen und zwei Pumpschiffen im Einsatz.
Aufnahmen: Fabien Barrau

DER BRAND

87 Um 19 Uhr 56 kollabiert der Vierungsturm und stürzt ins Gewölbe des Mittelschiffs.
Seit dem ersten Alarm der Rauchmelder sind 96 Minuten vergangen, erst beim
zweiten Alarm um 18 Uhr 43 war der Brandherd entdeckt worden.
Photographie: Geoffroy van der Hasselt

88 Die Flammen leuchten durch die Rosette des südlichen Querschiffs
und bringen das Gerüst, das für die Restaurierung errichtet wurde, zum Glühen.
Um 22 Uhr äußert ein Feuerwehrsprecher Bedenken, ob eine weitere Ausbreitung der Flammen
aufgehalten werden könne. Kurz nach 23 Uhr erklärt der Leiter der Feuerwehr,
die Gebäudestruktur sei gesichert.
Photographie: Ed Alcock

89 Blick vom Quai de l'Hôtel de Ville auf dem Nordufer der Seine
auf die Île de la Cité mit der brennenden Kathedrale.
Wegen der dichten Bebauung der Insel und aus Sorge vor einem Übergreifen
der Flammen wurde die Île de la Cité bis 21 Uhr komplett evakuiert.
Photographie: Gilles Rolle

90 In der Rue du Cloître-Notre-Dame auf der Nordseite stehen die Einsatzwagen der Feuerwehr mit ausgefahrenen Leitern. Ein starker Wasserstrahl leuchtet fast so hell im Nachthimmel wie der Scheinwerfer des Eiffelturms links im Bild.
Photographie: Ludovic Marin

DER BRAND

91 Die Feuerwehr versucht, den Brand von beiden Längsseiten der Kathedrale aus unter Kontrolle zu bekommen.
Auf die Frage, warum das Feuer nicht mit Flugzeugen von oben gelöscht wurde,
antwortet ihr Sprecher, das hätte zum einen die Einsatzkräfte gefährdet,
zum anderen aber auch das Mauerwerk, das dem Druck
möglicherweise nicht standgehalten hätte.
Photographie: Gilles Rolle

92 Der Brand der Kathedrale zieht viele Zuschauer an.
Hier auf der Île Saint-Louis. Angst um »ihre« Kirche
und Bestürzung haben die Menschen erfasst.
Photographie: Gilles Rolle

DIE TAGE DANACH

93 17. April 2019. Auch zwei Tage nach Ausbruch des Feuers
wird an der Südseite des Querschiffs noch mit Löschwasser gekühlt.
Am Morgen des 16. April um 9 Uhr 50 hatte die Feuerwehr den Brand
für gelöscht erklärt. Es ist zu erwarten, dass es noch etliche Jahre dauern wird,
bis das Mauerwerk der Kathedrale wieder getrocknet ist.
Photographie: Dan Kitwood

94 24. April 2019. Der Giebel des nördlichen Querschiffs
drohte nach dem Brand einzustürzen und wurde bereits
wenige Tage später durch eine Holzkonstruktion gesichert.
Photographie: Christophe Petit Tesson

DIE TAGE DANACH

95 Das Ausmaß der Schäden, von oben betrachtet, 17. April 2019
Die in den Tagen unmittelbar nach dem Brand gemachte Luftaufnahme zeigt die drei eingestürzten Gewölbejoche in der Vierung, westlich davon und im Nordquerhaus. Auf den übrigen, noch stehenden Gewölbejochen liegen die schwarz verkohlten Eichenstämme des verbrannten Dachstuhls.
Drohnenaufnahme: Lana Sator

DIE TAGE DANACH

96 16. April 2019. Blick aus dem Inneren des Mittelschiffs durch das eingestürzte Dach in den Himmel
Über den großen Öffnungen im Gewölbe sieht man die verkohlten Stümpfe des Dachstuhls und das durch die Hitze
auf die Gewölbe gesunkene Gerüst, das für die Restaurierung des Vierungsturms errichtet worden war.
Photographie: Christophe Petit Tesson

97 Innenansicht nach der Verwüstung, April 2019
Durch die großen Gewölbeöffnungen sind verbrannte Balken und Steine der Gewölbe in
den Innenraum gestürzt. Im Hintergrund der Hochaltar, rechts drei Kerzenleuchter,
die auf Tafel 98 in noch makellosem Zustand zu sehen sind.
Photographie: Christophe Morin

DIE TAGE DANACH

98 Die lebensgroße gotische Madonna aus dem 14. Jahrhundert –
hier vor dem Brand – blieb unversehrt, obwohl der Vierungsturm
in unmittelbarer Nähe ins Kirchenschiff gestürzt ist.

Verzeichnis der Tafeln

SCHMUTZTITEL Bisson Frères, *Notre-Dame, von Westen aus gesehen*, 1850er Jahre. Metropolitan Museum of Art, New York

FRONTISPIZ Thomas Struth, *Notre Dame, Paris*, 2000

1 Jean-Baptiste Raguenet, *Ansicht von Paris mit der Île de la Cité*, 1763. The J. Paul Getty Museum, Los Angeles

2 John Henderson, *Paris – Île de la Cité*, um 1790. British Museum, London

3 Eduard Gaertner, *Notre Dame in Paris*, 1827. Stiftung Preußische Schlösser und Gärten Berlin-Brandenburg

4 Eduard Gaertner, *Rue Neuve-Notre-Dame*, 1826. Schloss Sanssouci, Potsdam. Stiftung Preußische Schlösser und Gärten Berlin-Brandenburg

5 Henri-Charles Plaut, *Die Apsis von Notre-Dame*, 1852. Museum of Modern Art, New York

6 Émile Harrouart, *Die Apsis von Notre-Dame, vom Quai de la Tournelle aus gesehen*, vor 1859. Musée Carnavalet, Paris

7 Johan Barthold Jongkind, *Notre-Dame, vom Quai de la Tournelle aus gesehen*, 1852. Petit Palais, Musée des Beaux-Arts de la Ville de Paris

8 Charles Méryon, Vorstudie zur Radierung *Die Apsis von Notre-Dame de Paris*, 1854. Bibliothèque nationale de France

9 Charles Méryon, *Die Apsis von Notre-Dame de Paris*, 1854. The New York Public Library, New York

10 Charles Méryon, *Le Petit Pont*, 1850. The New York Public Library, New York

11 Charles Méryon, *La Galerie Notre-Dame*, 1853. Bibliothèque nationale de France

12 Charles Méryon, *Dämon*, 1852. The New York Public Library, New York

13 *Blick über den Pont Royal die Seine aufwärts auf die Île de la Cité und Notre-Dame*, Anfang 1850er Jahre. Photograph unbekannt. The J. Paul Getty Museum, Los Angeles

14 Charles Soulier, *Panorama von Paris mit der Île de la Cité im Zentrum*, 1862. The J. Paul Getty Museum, Los Angeles

15 Louis Adolphe Humbert de Molard, *Blick über die Seine auf Notre-Dame*, 1852. Musée d'Orsay, Paris

16 Auguste Hippolyte Collard, *Blick vom linken Seine-Ufer flussaufwärts auf die Île de la Cité und Notre-Dame*, 12. Mai 1857

17 Auguste Hippolyte Collard, *Blick vom linken Seine-Ufer auf die Île de la Cité mit Notre-Dame*, 1859

18 William Henry Fox Talbot, *Blick von Westen auf die Turmfassade*, 1846. Société française de photographie

19 Henri Le Secq, *Auferstehungsengel auf dem westlichen Giebel des Langhauses*, 1853. Musée des Arts Décoratifs, Paris

20 Charles Nègre, *Der Auferstehungsengel im Halbprofil*, 1853. The J. Paul Getty Museum, Los Angeles

21 Bisson Frères, *Notre-Dame, von Westen aus gesehen*, 1850er Jahre. Metropolitan Museum of Art, New York

22 Gustave Le Gray, *Tympanon des um 1200 entstandenen Marienportals an der Westfassade von Notre-Dame*, 1857–1859. The J. Paul Getty Museum, Los Angeles

23 Charles Nègre, *Die Westfassade von Notre-Dame*, um 1853. The J. Paul Getty Museum, Los Angeles

24 Bisson Frères, *Nahaufnahme des nördlichen Portals der Westfassade von Notre-Dame*, um 1855. The J. Paul Getty Museum, Los Angeles

25 Édouard Baldus, *Die Westfassade von Notre-Dame*, 1850er Jahre. The J. Paul Getty Museum, Los Angeles

26 Eugène Viollet-le-Duc und Jean-Baptiste Antoine Lassus, *Zeichnung der Westfassade mit Vierungsturm*, 1843. Médiathèque de L'Architecture et du Patrimoine, Charenton-le-Pont

27 Henri-Charles Plaut, *Die Westfassade von Notre-Dame mit dem Vierungsturm*, 1863. Bibliothèque nationale de France

28 Édouard Baldus, *Die Westfassade von Notre-Dame mit Vierungsturm und Baugerüst*, um 1863. The J. Paul Getty Museum, Los Angeles

29 *Blick auf Notre-Dame von Südwesten*, um 1890. Photograph unbekannt

30 Henri Le Secq, *Die Südfassade des Querschiffs*, um 1850. Musée des Arts Décoratifs, Paris

31 Hippolyte Bayard, *Notre-Dame, vom Südufer der Seine aus gesehen*, 1847. The J. Paul Getty Museum, Los Angeles

32 Édouard Baldus, *Blick auf Notre-Dame von Süd-Südosten aus*, um 1850. The J. Paul Getty Museum, Los Angeles

33 Bisson Frères, *Ansicht der Südseite der Kathedrale mit fertiggestellter Sakristei*, um 1850

34 Eugène Viollet-le-Duc und Jean-Baptiste Antoine Lassus, *Zeichnung der Südseite der Kathedrale mit dem Vierungsturm*, 1843. Médiathèque de l'architecture et du Patrimoine, Charenton-le-Pont

35 Henri Le Secq, *Bauarbeiten an den Strebebögen des Chors*, 1851. Metropolitan Museum of Art, New York

36 *Notre-Dame von Südosten aus gesehen*, um 1856. Photograph unbekannt

37 *Der Vierungsturm im Bau, mit Gerüst, von Südwesten aus gesehen*, vor 1859. Photograph unbekannt, Médiathèque de l'architecture et du Patrimoine, Charenton-le-Pont

38 Bisson Frères, *Der Vierungsturm im Bau, im Vordergrund die südliche Querhausfassade*, vor 1859. Médiathèque de l'architecture et du Patrimoine, Charenton-le-Pont

39 Eugène Viollet-le-Duc und Jean-Baptiste Antoine Lassus, *Entwurfszeichnung des Vierungsturms mit Skulpturenprogramm*, 29. Oktober 1857. Médiathèque de l'architecture et du Patrimoine, Charenton-le-Pont

40 Charles Marville, *Der Vierungsturm von Notre-Dame, von Südwesten mit Blick auf die Île Saint-Louis*, 1870er Jahre. Musée d'Orsay, Paris

41 Charles Marville, *Die Dachfirste des Lang- und des Querhauses, von der Turmgalerie aus gesehen*, um 1860. Musée d'Orsay, Paris

42 Léopold Louis Mercier, *Eines der Fabelwesen, mit denen Viollet-le-Duc die Kathedrale bei der Neugestaltung bestückte*, 1880er Jahre. The J. Paul Getty Museum, Los Angeles

43 *Die bekannteste Skulptur auf dem Dach, »Le Stryge« (der Vampir)*, um 1900. Photograph unbekannt

44 Charles Nègre, *Der Photograph Henri Le Secq auf der Galerie des Nordturms neben »Le Stryge«*, 1853. Musée d'Orsay, Paris

45 *Chimären auf der Turmgalerie*. Photograph und Jahr unbekannt

46 *Ein steinerner Ziegenbock auf der Brüstung der Turmgalerie*. Photograph und Jahr unbekannt

47 Édouard Baldus, *Blick auf Notre-Dame vom Quai Montebello am südlichen Seine-Ufer aus*, 1860er Jahre. The J. Paul Getty Museum, Los Angeles

48 Charles Soulier, *Die südöstliche Ansicht der Kathedrale, vom Quai de la Tournelle aus aufgenommen*, 1860er Jahre. The J. Paul Getty Museum, Los Angeles

49 Médéric Mieusement, *Blick auf die Kathedrale von Nordosten, von der Île Saint-Louis aus*, 1880–1890. Médiathèque de l'architecture et du Patrimoine, Charenton-le-Pont

50 Vve. Vagneur, *Die Nordansicht des Querschiffs mit dem »Portail du Cloître«*, um 1865. The J. Paul Getty Museum, Los Angeles

51 Charles Nègre, *Eingang zur Sakristei von Notre-Dame*, ca. 1853. The J. Paul Getty Museum, Los Angeles

52 Charles Marville und Louis Désiré Blanquart, *Die »Porte Rouge«, das rote Tor, an der Nordseite des Chors*, 1852. The J. Paul Getty Museum, Los Angeles

53 Auguste Hippolyte Collard, *Blick auf die Île de la Cité mit Notre-Dame vom Nordufer der Seine aus*, 1867–1878. Médiathèque de l'architecture et du Patrimoine, Charenton-le-Pont

54 *Blick auf die Île de la Cité mit Notre-Dame vom nördlichen Seine-Ufer aus*, um 1873. Photograph unbekannt. Société française de photographie

55 *Panorama-Aufnahme von Paris mit nördlichem Seine-Ufer als Standort*, 1867–1871. Photograph unbekannt. Société française de photographie

56 *Panoramablick auf die Île de la Cité mit Notre-Dame*, um 1867. Photograph unbekannt.

57 Eugène Atget, *Der Quai d'Orléans am Südufer der Île Saint-Louis*, 1900. The J. Paul Getty Museum, Los Angeles

58 Eugène Atget, *Treppenaufgang zu einem Eingang an der Südseite der Kathedrale*, 1905. The J. Paul Getty Museum, Los Angeles

59 Eugène Atget, *Südostansicht der Kathedrale vom Quai de Montebello unterhalb des Pont de l'Archevêché*, ca. 1907

60 *Blick über den Vorplatz auf die Westfassade*, um 1912. Presseaufnahme Agence Rol. Bibliothèque nationale de France

61 *Paris unter Wasser*, 27. Januar 1910. Photograph unbekannt

62 *Feierlichkeiten zum 500. Jahrestag der Geburt von Jeanne d'Arc*, 19. Mai 1912. Presseaufnahme Agence Rol. Bibliothèque nationale de France

63 *Blick vom Vorplatz auf die Westfassade, deren Portale verbarrikadiert sind*, wohl 1914–1918. Presseaufnahme Agence Rol. Bibliothèque nationale de France

64 André Kertész, *Notre-Dame im Nebel, von Südosten gesehen mit dem Pont de l'Archevêché im Vordergrund*, 1925–1928

65 Eugène Atget, *Blick vom Quai de Montebello auf dem südlichen Seine-Ufer*, 1922/23. National Gallery of Art, Washington D.C.

66 Raoul Hausmann, *Blick auf die Westfassade von Notre-Dame*, 1939.

67 *Ein öffentliches Gebet für Frankreich*, 19. Mai 1940
Photographie: Cl. Le Studio

68 *Deutsche Soldaten überwachen den Abbau der Sandsäcke vor dem Hauptportal*, Juni 1940. Photograph unbekannt

69 Jean-Marie Marcel, *Die Befreiung von Paris*, August 1944

70 Marcel Bovis, *Notre-Dame im Schnee*, Januar 1945. Médiathèque de l'architecture et du Patrimoine, Charenton-le-Pont

71 *Notre-Dame erstrahlt wieder im Dunkeln*, 8. Mai 1945. Photograph unbekannt

72 Marcel Bovis, *Die Türme von Notre-Dame im Nebel*, Februar 1949. Médiathèque de l'architecture et du Patrimoine, Charenton-le-Pont

73 Pierre Joly, *Blick auf Notre-Dame von Osten*, um 1950

74 Henri Cartier-Bresson, *Der Vierungsturm, von der Turmgalerie aus aufgenommen*, 1953

75 Maurice Zalewski, *Eine Messe unter freiem Himmel auf dem Vorplatz der Kathedrale*, 1962

76 Barbara Klemm, *Trauergottesdienst für Georges Pompidou*, 5. April 1974

77 Thomas Struth, *Blick über Paris von der Turmgalerie in Richtung Südosten*, 1977

78 Thomas Struth, *Die in den 1990er Jahren gereinigte Westfassade*, 2000

79 François le Diascorn, *Die mittelalterlich anmutenden Fabelwesen von Viollet-le-Duc*, 1980

80 François Guillot, *Notre-Dame in Flammen*, 15. April 2019

81 François Guillot, *Das Feuer frisst sich durch den Dachstuhl des Langhauses*, 15. April 2019

82 Benoit Tessier, *Der Vierungsturm steht in Flammen*, 15. April 2019

83/84 François Guillot, *Im Vergleich zum Feuer leuchtet die untergehende Sonne nur noch schwach*, 15. April 2019

85/86 Fabien Barrau, *Blicke auf die Nordseite*, 15. April 2019

87 Geoffroy Van der Hasselt, *Der Vierungsturm kollabiert und stürzt ins Gewölbe des Mittelschiffs*, 15. April 2019

88 Ed Alcock, *Die Flammen leuchten durch die Rosette des südlichen Querschiffs*, 15. April 2019

89 Gilles Rolle, *Blick vom Quai de l'Hôtel de Ville auf die Île de la Cité mit der brennenden Kathedrale*, 15. April 2019

90 Ludovic Marin, *In der Rue du Cloître-Notre-Dame stehen die Einsatzwagen der Feuerwehr*, 15. April 2019

91 Gilles Rolle, *Die Feuerwehr versucht, den Brand unter Kontrolle zu bekommen*, 15. April 2019

92 Gilles Rolle, *Der Brand der Kathedrale zieht viele Zuschauer an*, 15. April 2019

93 Dan Kitwood, *Zwei Tage nach Ausbruch des Feuers wird an der Südseite des Querschiffs noch mit Wasser gekühlt*, 17. April 2019

94 Christophe Petit Tesson, *Der Giebel des nördlichen Querschiffs später durch eine Holzkonstruktion gesichert*, 24. April 2019

95 Lana Sator, *Das Ausmaß der Schäden, von oben betrachtet*, 17. April 2019

96 Christophe Petit Tesson, *Blick aus dem Inneren des Mittelschiffs durch das Gewölbe in den Himmel*, 16. April 2019

97 Christophe Morin, *Innenansicht nach der Verwüstung*, April 2019

98 *Die lebensgroße gotische Madonna aus dem 14. Jahrhundert blieb unversehrt*, 2009. Photograph unbekannt

Verwendete Literatur

Pierre-Marie Auzas: *Les grandes heures de Notre-Dame de Paris*. Mit einem Vorwort von Paul Claudel. Paris (Éditions Tel) 1951

Pierre du Colombier: *Notre-Dame de Paris – Mémorial de la France*. Paris (Plon) 1966

Christian Beutler: *Paris und Versailles*. Reclams Kunstführer Frankreich, Bd. 1, hrsg. von Manfred Wundram, Stuttgart (Reclam) 1970

Klaus Gallwitz und Werner Hofmann (Hrsg.): *Charles Méryon. Paris um 1850. Zeichnungen, Radierungen, Photographien*, Kat.-Ausstellung Städelsches Kunstinstitut und Städtische Galerie Frankfurt am Main / Hamburger Kunsthalle, Hamburg 1976. Stuttgart (Cantz) 1975

Bernard Champigneulle: *Paris. Ein Führer*. München (Prestel) 1980

Sylvie Buisson: *Les peintres de Notre-Dame de Paris*. Lausanne (Edita) 1990

Richard S. Schneidermann: *Charles Méryon. The Catalogue Raisonné of the Prints*. London (Garton & Co) 1990

Alain Erlande-Brandenburg: *Notre-Dame de Paris. Geschichte – Architektur – Skulptur*. Mit Photographien von Caroline Rose. Freiburg (Herder) 1992

Victor Hugo: *Der Glöckner von Notre-Dame*, von Michaela Meßner bearbeitete Übersetzung von Friedrich Bremer (1884). München (dtv) 1994

Alain Erlande-Brandenburg, Béatrice de Andia, (Hrsg.): *Autour de Notre-Dame*. Collection Paris et son patrimoine. Paris (Action Artistique de la Ville de Paris) 2003

Jean Baptiste Antoine Lassus und Eugène-Emmanuel Viollet-le-Duc: *Monographie de Notre-Dame de Paris et de la nouvelle sacristie*. Nachdruck der Ausgabe von 1859, hrsg. von Jean-Michel Leniaud. Paris (Éditions Molière) 2008

Michael Camille: *The Gargoyles of Notre-Dame. Medievalism and the Monsters of Modernity*. Chicago und London (The University of Chicago Press) 2009

André Vingt-Trois (Hrsg.): *La grâce d'une cathédrale – Notre-Dame de Paris*. Strasbourg (Nuée Bleue) 2012

Françoise Bercé: *Viollet-le-Duc*. Paris (Éditions du Patrimoine u. a.) 2013

Alain Erlande-Brandenburg: *Notre-Dame de Paris*. Mit Photographien von Caroline Rose. Paris (Éditions de la Martinière) 2019

BILDNACHWEIS

Tafeln 1, 13, 14, 20, 22, 23, 24, 25, 28, 31, 32, 42, 47, 48, 50, 51, 52, S. 8 (linke Abb.): Digital image courtesy of the Getty's Open Content Program. The J. Paul Getty Museum; S. 8 (rechte Abb.): picture alliance / akg-images / Gilles Mermet; Tafeln 57, 58: The J. Paul Getty Museum; Tafel 2: © bpk / The Trustees of the British Museum; Tafel 3: © bpk / Stiftung Preussische Schlösser und Gärten Berlin-Brandenburg / Roland Handrick; Tafel 4: © bpk / Stiftung Preussische Schlösser und Gärten Berlin-Brandenburg / Gerhard Murza; Tafel 5: Plaut, Henri-Charles, Salted paper print, 16,8 x 21,7 cm. Purchase. Acc. no. 309.1975.10 © 2020. Digital Image, The Museum of Modern Art, New York/Scala, Florence; Tafel 6: © CCO Paris Musées / Musée Carnavalet; Tafel 7: © bpk / RMN-Grand Palais / Bulloz; Tafeln 8, 11, 27, 60, 62, 63: Bibliothèque nationale de France; Tafeln 9, 10, 12: The Miriam and Ira D. Wallach Division of Art, Prints and Photographs: Print Collection, The New York Public Library. *L' Abside de Notre-Dame de Paris*. The New York Public Library Digital Collections. 1854. http://digitalcollections.nypl.org/items/510d47da-41b9-a3d9-e040-e00a18064a99, *Le Petit Pont*. The New York Public Library Digital Collections. 1850. http://digitalcollections.nypl.org/items/510d47da-41a0-a3d9-e040-e00a18064a99, *Le stryge*. The New York Public Library Digital Collections. 1853. http://digitalcollections.nypl.org/items/510d47da-419e-a3d9-e040-e00a18064a99; Tafel 15: © bpk / RMN-Grand Palais / Louis Adolphe Humbert de Molard; Tafel 16: bpk / adoc-photos; Tafeln 17, 33, 98: Wikimedia Commons; Tafel 18, 54, 55: Société française de photographie; Tafeln 19, 30: © MAD, Paris / Henri Le Secq; Tafel 21 und Schmutztitel: The Elisha Whittelsey Collection, The Elisha Whittelsey Fund, 1949, Metropolitan Museum of Art, New York; Public domain; Tafeln 29, 36: © bpk / adoc-photos; Tafel 35: Gilman Collection, Gift of The Howard Gilman Foundation, 2005, Metropolitan Museum of Art, New York, Public domain; Tafeln 26, 34: © bpk / Ministère de la Culture – Médiathèque du Patrimoine, Dist. RMN-Grand Palais / image RMN-GP; Tafel 37: © bpk / Ministère de la Culture – Médiathèque du Patrimoine, Dist. RMN-Grand Palais; Tafel 38: © bpk / Ministère de la Culture – Médiathèque du Patrimoine, Dist. RMN-Grand Palais / Frères Bisson; Tafel 39: © bpk / Ministère de la Culture – Médiathèque du Patrimoine, Dist. RMN-Grand Palais / image Médiathèque du Patrimoine; Tafeln 40, 41: © bpk / RMN-Grand Palais / Charles Marville; Tafel 44: © bpk / RMN-Grand Palais / Charles Nègre; Tafel 49: © bpk / Ministère de la Culture – Médiathèque du Patrimoine, Dist. RMN-Grand Palais / Séraphin Médéric Mieusement; Tafeln 45, 46: © bpk; Tafel 53: © bpk / Ministère de la Culture – Médiathèque du Patrimoine, Dist. RMN-Grand Palais / Hippolyte-Auguste Collard; Tafel 56: Courtesy Sotheby's; Tafel 61: © bpk / adoc-photos; Tafel 64: © Estate of André Kertész; Tafel 65: Courtesy National Gallery of Art, Washington; Tafel 69: bpk / Jean-Marie Marcel / adoc-photos; Tafeln 70, 72: © bpk / Ministère de la Culture – Médiathèque du Patrimoine, Dist. RMN-Grand Palais / Marcel Bovis; Tafel 74: © Magnum / Focus; Tafel 75: © bpk / Maurice Zalewski / adoc-photos; Tafel 76: © Barbara Klemm; Tafeln 77, 78, Frontispiz und Cover: © Thomas Struth; Tafel 79: François Le Diascorn / Getty Images; Tafeln 80, 81, 83, 84: François Guillot / Getty Images; Tafeln 82, 96: picture alliance / REUTERS / Benoit Tessier; Tafeln 85, 86: Fabien Barrau / AFP via Getty Images; Tafel 87: Geoffroy Van der Hasselt / AFP via Getty Images; Tafel 88: Ed Alcock / M.Y. O. P./laif; Tafeln 89, 91, 92,: Gilles Rolle/REA/laif; Tafel 90: Ludovic Marin / AFP via Getty Images; Tafel 93: Dan Kitwood / Getty Images; Tafel 94: Christophe Petit Tesson / EPA-EFE / Shutterstock; Tafel 95: © Lana Sator / Daily Mail / SOLO Syndication / picture alliance; Tafel 97: Christophe Morin / Bloomberg via Getty Images; Tafeln 43, 59, 66, 67, 68, 71, 73: Verlagsarchiv.

Übersetzung des Textes von Danny Smith aus dem Amerikanischen
von Matthias Wolf

©2020 für diese Ausgabe Schirmer/Mosel München

Dieses Werk einschließlich aller seiner Teile ist urheberrechtlich geschützt.
Sämtliche Arten der Vervielfältigung oder der Wiedergabe dieses Werkes
sind ohne vorherige Zustimmung des Verlages unzulässig und strafbar.
Dies gilt für alle Arten der Nutzung, insbesondere für den Nachdruck
von Texten und Bildern, deren Vortrag, Aufführung und Vorführung,
die Übersetzung, die Verfilmung, die Mikroverfilmung, die Sendung
und die Einspeicherung und Verarbeitung in elektronische Medien.
Zuwiderhandlungen werden verfolgt.

BILDREDAKTION: Paula von Bornhaupt
SATZ: Satzwerk Huber, Germering
LITHOGRAPHIE: Bayermedia, München
DRUCK UND BINDUNG: Longo, Bozen

ISBN 978-3-8296-0871-8

Eine Schirmer/Mosel Produktion
www.schirmer-mosel.com